Essential English Grammar Skills for College Students

Shukei Funada
英文校閲 Christine Lundell

Asahi Press

はじめに

英語のルールは大きく分けると，音変化に関するルールである「音法」と，文の構造に関するルールである「文法」の2つになるでしょう。

この2つのルールが，How've you been doing? という，やさしい挨拶の表現にどのように現れているのかを見てみましょう。

音法的には，①How'veは〈短縮〉で「ハウヴ」，②beenは〈弱化〉で「ベン」，doingは〈脱落〉で「ドゥィン」のように聞こえてくることを知っている必要があります。そして，自分でもこれらの音を再生できるまで練習することが重要です。

文法的には，How've you been doing? は，①How are you doing? が〈現在完了形〉になっていて，過去の一時点から現在までの相手の様子を尋ねている，②How haveの〈短縮形〉がHow'veであることを理解していることが大切です。

このように「音法」と「文法」の両方を身につけていて，英文を読み，書き，話し，聞くことができるわけです。

「音法」については，『音のルールから学ぶ大学生のリスニングドリル』が，役に立つことでしょう。姉妹編として企画された本書では，「文法」の基礎をじっくりと学んでほしいと思います。

母国語ではなく，外国語として英語を勉強する場合は，文法を短期間のうちに学び，英語の全体像を知ることが必要です。そのためには，文法を英文の中で確認し，自分でも英文を作る練習をすることが効果的です。

本書は，コミュニケーションに必要な英文法の基本を15の項目にまとめ，生きた英文とともに提示しました。

本書の使い方は，まず各Unitの文法解説と例文を読み，文のルールを確認してください。例文は音読すると記憶しやすくなります。そしてその後，練習問題に取りかかってください。

練習問題は，資格試験に対応した，適語選択，並べ替え，英文和訳，語形変化，と4つの形式からなっています。これによって，やさしい文法事項を，角度を変えて見ることができ，基本事項を確実に定着させることができます。

最後に本書の出版を強く勧めてくださった，朝日出版社編集部のみなさん，とりわけ，朝日英一郎さんには，企画の段階から貴重なアドバイスをいただき，大変お世話になりました。ここに改めて心からの感謝の意を表したいと思います。

船田秀佳

目 次

Unit 1 現在形　be 動詞

1 be動詞の種類と用法

① 主語 + be + 名詞：AはBである

1. I am a student.（私は学生です）
2. She is a nurse.（彼女は看護師です）
3. They are my friends.（彼らは私の友達です）

② 主語 + be + 形容詞：AにはBの性質がある

1. I'm outgoing and active.（私は外向的で活動的です）
2. This flower is Instagrammable.（この花はインスタ映えします）
3. These vases are expensive.（これらの花瓶は値段が高いです）

③ 主語 + be + 場所を表す語句：AはBに存在する

1. We're in a coffee shop now.（私たちは今喫茶店にいます）
2. The calendar is on the wall.（カレンダーは壁にかかっています）
3. London Bridge is over the Thames.（ロンドン橋はテムズ川にかかっています）

● be動詞は主語の人称と数によって次のように決まる。(　)は短縮形。

人称	単数	複数
1人称	I am (I'm)	we are (we're)
2人称	you are (you're)	you are (you're)
3人称	he is (he's) / she is (she's) / it is (it's)	they are (they're)

◇否定文と疑問文

1. I'm not a doctor.（私は医者ではありません）
2. He is not (isn't) in the library.（彼は図書館にいません）
3. Are you a part-time worker?（あなたはアルバイトですか）
   — Yes, I am.（はい，そうです）　— No, I'm not.（いいえ，違います）

● 否定文は，主語 + am [are / is] + not + 名詞［形容詞］［場所を示す語句］.

● 疑問文は，Am [Are / Is] + 主語 + 名詞［形容詞］［場所を示す語句］+ ?

2 There is[are]の用法

1. There is a bag on the table.（テーブルの上にかばんがあります）
2. There isn't a PC in the room.（部屋にパソコンはありません）
3. Is there a drugstore around here?（このあたりに薬局はありますか）
   — Yes, there is.（はい，あります）　— No, there isn't.（いいえ，ありません）

● There is [are] + 主語 + 場所を示す語句で新情報を示す。

● 短縮形は，There is → There's, There are → There're

● 否定文は，There is [are] + not + 主語 + 場所を示す語句.

● 疑問文は，Is [Are] there + 主語 + 場所を示す語句 + ?

• PRACTICE •

A 日本文の意味を表すように適切な語句を選びなさい。

1. A: 兄はユーチューバーです。
   B: すごいですね。
   A: My older brother is a YouTuber.
   B: (   ) amazing!
   (A) She's (B) We're (C) That's (D) There's

2. A: あの赤いスポーツカーはあなたのですか。
   B: はい，そうです。
   A: Is that red sports car yours?
   B: Yes, (   ) mine.
   (A) they're (B) it's (C) these're (D) here's

3. 彼女と私はアメリカ人です。２人ともサンフランシスコ出身です。
   She and I are American. (   ) from San Francisco.
   (A) He's (B) It's (C) We're (D) They're

4. 今夜テレビで面白い番組があります。
   (   ) an interesting program on TV this evening.
   (A) There're (B) That's (C) There's (D) It's

5. あなたは土曜日の午後空いていますか。
   (   ) free on Saturday afternoon?
   (A) Am I (B) Are they (C) Is he (D) Are you

B 次の英文を日本語に直しなさい。

1. I'm Dick Tracy. I'm a freshman in college.

2. She is a member of the cheerleading club.

3. It's cold and windy today.

4. There are six people in my family.

5. The food section is on the first basement floor.

C 日本文の意味を表すように括弧内の語句を並べ替えて英文を書きなさい。

1. 私は金曜日は都合がよくありません。
   Friday (not / for / convenient / is) me.

2. 私たちは中学生です。
   We (high / are / junior / school) students.

3. これが私たちの学校への近道です。
   This (a / to / shortcut / is) our school.

4. 私はプリンストン大学の2年生です。
   I (at / a / am / sophomore) Princeton University.

5. コンビニは角を曲がったところです。
   The convenience store (just / the / is / around) corner.

D 日本文の意味を表すようにbe動詞を変化させて空所を補充しなさい。

1. 基礎英語Iは2単位の授業です。
   Basic English I (　　　　　) a two-credit course.
2. 日本には都道府県が47あります。
   There (　　　　　) forty-seven prefectures in Japan.
3. 彼らは大学生ですか。
   (　　　　　) they college students?
4. 彼女はフリーのアナウンサーではありません。
   She (　　　　　) not a freelance announcer.
5. 郵便局は今日開いていますか。
   (　　　　　) the post office open today?

Unit 2 現在形　一般動詞

1 一般動詞の種類と用法

1. I live in Los Angeles.（私はロサンゼルスに住んでいます）
2. He goes to Oxford University.（彼はオックスフォード大学に通っています）
3. She drinks milk every morning.（彼女は毎朝牛乳を飲みます）
4. I have ten classes a week.（私は1週間に10時間授業があります）
5. I hear she likes meat.（彼女は肉が好きらしいです）

● 一般動詞には目的語をとらない自動詞と目的語をとる他動詞がある。

● 一般動詞には動作を表す動作動詞と状態を表す状態動詞がある。

● 主語が3人称単数のときは動詞の語形が変わる。

〈1〉動詞にsやesをつける。do → does, get → gets, watch → watches

〈2〉[子音 + y]で終わる動詞はyをiに変えてからesをつける。study → studies

〈3〉have → has

◇否定文と疑問文

1. I don't believe it. That sounds like a dream.
   （信じられません。夢のような話です）
2. She doesn't know my email address.（彼女は私のメールアドレスを知りません）
3. Do you play any sports?（あなたは何かスポーツをしていますか）
   — Yes, I do.（はい，しています）　— No, I don't.（いいえ，していません）

● 短縮形は，do not → don't, does not → doesn't

● 否定文は，主語 + do not (don't) / does not (doesn't) + 動詞～.

● 疑問文は，Do[Does] + 主語 + 動詞 + ～?

2 現在進行形

1. I'm taking a shower.（私はシャワーを浴びています）
2. I'm thinking of buying a new PC.（私は新しいパソコンを買おうと思っています）
3. He is doing an internship at a bank.（彼は銀行でインターンシップをしています）
4. She is not cooking dinner.（彼女はディナーを料理していません）
5. Are you checking the internet?（あなたはネットを調べているのですか）
   — Yes, I am.（はい，そうです）　— No, I'm not.（いいえ，違います）

● 主語 + be + 動詞ingで「～している」と，途中の動作を表す。

● 否定文は，主語 + be + not + 動詞ing + ～.　疑問文は，be + 主語 + 動詞ing + ～?

● 動詞ingの作り方

〈1〉そのままingをつける：work → working, say → saying

〈2〉語尾eを取ってingをつける：come → coming, make → making

〈3〉語尾が短母音 + 子音字で，子音字を重ねてingをつける：run → running

〈4〉語尾がieでieをyに変えてingをつける：lie → lying

PRACTICE

A 日本文の意味を表すように適切な語句を選びなさい。

1. 今週デパートはバーゲンセールをやっています。
   The department store (　　　　　　) a sale this week.
   (A) have　(B) having　(C) is having　(D) are having
2. ジャックは毎週日曜日に教会へ行きますか。
   (　　　　　　) Jack go to church on Sundays?
   (A) Do　(B) Does　(C) Are　(D) Is
3. 母は独学でドイツ語を勉強しています。
   My mother (　　　　　　) German on her own.
   (A) study　(B) studying　(C) is studying　(D) are studying
4. 彼は相変わらず忙しそうです。
   He (　　　　　　) busy as usual.
   (A) seem　(B) seems　(C) is seeming　(D) are seeming
5. 私はアクション映画が大好きです。
   I (　　　　　　) action movies very much.
   (A) am like　(B) am liked　(C) liking　(D) like

B 次の英文を日本語に直しなさい。

1. Do I look tired? I have a hangover.
2. Brian is majoring in agriculture at the University of Kentucky.
3. My father works for an IT company in Tokyo.
4. He is drinking orange juice now, but he usually drinks alcohol.
5. Are you writing a term paper for your class?

C 日本文の意味を表すように括弧内の語句を並べ替えて英文を書きなさい。

1. 私は週末はいつも家にいてリラックスしています。
   I always (and / relax / home / stay) over the weekend.

2. 彼女は英語の覚えが早いと私は思います。
   I (is / think / she / learning) English quickly.

3. 彼はメジャーリーグで二刀流で活躍しています。
   He (a / great / doing / is) job as a two-way player in MLB.

4. 兄弟はいますか。
   (have / any / you / Do) brothers or sisters?

5. 彼女は塾で英語を教えています。
   (teaching / is / She / English) at a cram school.

D 日本文の意味を表すように選択肢から適語を選び、語形を変えて空所を補充しなさい。

[do, go, belong, wait, vacuum]

1. 彼はサッカー部に入っています。
   He (   ) to the soccer club.
2. 私たちは急行電車を待っています。
   We are (   ) for the express train.
3. サムは休日によくドライブに出かけます。
   Sam often (   ) for a drive on his days off.
4. 彼女は居間に掃除機をかけています。
   She is (   ) the living room.
5. すみません。ここはWi-Fiはつながりますか。
   Excuse me. (   ) this place have Wi-Fi?

Unit 3 疑問詞

1 what

1. What is your goal?（あなたの目標は何ですか）
2. What does he do?（彼の仕事は何ですか）

2 who

1. Who is that boy?（あの男の子は誰ですか）
2. Who plays the piano?（誰がピアノを弾きますか）

3 whose

1. Whose dictionary is this?（これは誰の辞書ですか）
2. Whose shoes are these?（これは誰の靴ですか）

4 which

1. Which is your favorite handbag?
（どちらがお気に入りのハンドバックですか）
2. Which bus goes to Ebisu?（どのバスが恵比寿に行きますか）

5 when

1. When is the chemistry test?（化学の試験はいつですか）
2. When does the plane arrive?（飛行機はいつ着きますか）

6 where

1. Where is your office?（あなたの会社はどこにありますか）
2. Where do you have lunch?（あなたは昼食をどこで食べますか）

7 why

1. Why is he so angry?（なぜ彼はそんなに怒っているのですか）
2. Why do you like psychology?（なぜあなたは心理学が好きなのですか）

8 how

1. How is your English class?（英語の授業はどうですか）
2. How do you like your new iPad?（新しいアイパッドはどうですか）
3. How old is this whiskey?（このウイスキーは何年物ですか）
4. How many hours do you sleep a day?
（あなたは1日に何時間寝ますか）

● 疑問詞は文頭に置かれ次の内容を尋ねる場合に用いられる。
What（何が・何を），Who（誰が・誰を），Whose（誰の），
Which（どの・どちらが），When（いつ），Where（どこ），Why（なぜ），
How（どのような・どのように・どのくらい）

● 基本語順は，① 疑問詞 + [am / are / is] + 主語 + ～？
② 疑問詞 + [do / does] + 主語 + 動詞 + ～？

● 疑問詞の後に次のような語句を置く用法がある。
What time ～？（時間），What kind of ～？（種類），
How many / much ～？（数・量）
How tall / high ～？（高さ），How old ～？（年齢），How often ～？（頻度）

PRACTICE

A 日本文の意味を表すように適切な語句を選びなさい。

1. あなたの家族は何人ですか。
   (　　　　　　) many people are there in your family?
   (A) What　(B) Whose　(C) Why　(D) How
2. あなたは誰を待っているのですか。
   (　　　　　　) are you waiting for?
   (A) What　(B) Who　(C) Whose　(D) Which
3. 彼はなぜ私たちの計画に反対しているのですか。
   (　　　　　　) is he against our plan?
   (A) What　(B) How　(C) Why　(D) When
4. ここから東京駅まではどのくらいですか。
   (　　　　　　) far is Tokyo Station from here?
   (A) What　(B) Whose　(C) How　(D) Which
5. 物価が上がることについてどう思いますか。
   (　　　　　　) do you think about prices going up?
   (A) What　(B) Why　(C) When　(D) Which

B 次の英文を日本語に直しなさい。

1. How often do you go to the gym?
2. Why are you smiling? Do you like me?
3. When does summer vacation begin at your school?
4. Which way is the subway station?
5. What do you do in your free time?

C 日本文の意味を表すように括弧内の語句を並べ替えて英文を書きなさい。

1. あなたはカナダのどこの出身ですか。
   Where (you / in / are / Canada) from?

2. あとどのくらいで次のバスは来ますか。
   How (the / does / soon / next) bus come?

3. あなたはどんな種類の音楽を聞きますか。
   What (of / do / kind / music) you listen to?

4. あなたは1週間に何日お酒を飲みますか。
   How (a / days / week / many) do you drink?

5. 次の英語の試験はいつですか
   When (you / your / do / have) next English exam?

D 日本文の意味を表すように選択肢から適語を選び空所を補充しなさい。

[which, what, whose, why, how]

1. 東京での新しい生活はどうですか。
   (   ) do you like your new life in Tokyo?
2. これは誰の自転車ですか。
   (   ) bicycle is this?
3. あなたはどちらの会社にお勤めですか。
   (   ) company do you work for?
4. なぜあなたはそんなにうれしそうなのですか。
   (   ) do you look so happy?
5. 木曜日の2時間目は何の授業ですか。
   (   ) do you have for second period on Thursdays?

Unit 4 過去形

1 be動詞の過去形

1. I was an employee at PWA last year.（私は去年PWA社に勤めていました）
2. It was windy yesterday.（きのうは風がありました）
3. We weren't in Yokohama last week.（私たちは先週横浜にいませんでした）
4. Were you busy today?（今日は忙しかったですか）
   — Yes, I was.（はい，忙しかったです）
   — No, I wasn't.（いいえ，忙しくありませんでした）

● be動詞の過去形は、am/is → was, are → were
● 否定文は，主語 + was [were] not + ～.
● 短縮形は，was not → wasn't, were not → weren't
● 疑問文は，Was [Were] + 主語 + ～?

2 一般動詞の過去形

1. I posted three videos to YouTube just now.
   （私はちょうど今ユーチューブに動画を3つ投稿しました）
2. My TOEIC® score went up by one hundred points.
   （TOEICのスコアが100点上がりました）
3. I think I caught a cold.（私は風邪を引いたと思います）
4. He didn't come to the party.（彼はパーティーに来ませんでした）
5. Did you read my email?（あなたは私のメールを読みましたか）
   — Yes, I did.（はい，読みました）
   — No, I didn't.（いいえ，読みませんでした）

● 一般動詞には，(e)dをつけて過去形を作る規則動詞と特別に変化する不規規則動詞とがある。
〈例〉 stay → stayed love → loved bring → brought keep → kept
● 否定文は，主語 + did not (didn't) + 動詞～.
● 疑問文は，Did + 主語 + 動詞 + ～?

3 過去進行形

1. I was studying English then.（私はその時英語を勉強していました）
2. Were you doing overtime last night?（あなたはきのうの夜残業していましたか）
   — Yes, I was.（はい，していました）
   — No, I wasn't.（いいえ，していませんでした）
3. She wasn't watching TV at the time.（彼女はその時テレビを見ていませんでした）
4. What were you doing yesterday?（あなたはきのう何をしていましたか）

● 主語 + [was / were] + 動詞ingで「～していた」と，途中の動作を表す。
● 否定文は，主語 + [was / were] + not + 動詞ing + ～.
● 疑問文は，[Was / Were] + 主語 + 動詞ing + ～?

PRACTICE

A 日本文の意味を表すように適切な語句を選びなさい。

1. あなたは夏休みをどのように過ごしましたか。
   How (　　　　　　　) you spend your summer vacation?
   (A) were　(B) had　(C) did　(D) do
2. 私は電車で居眠りしていて乗り越しました。
   I was sleeping on the train and I (　　　　　　　) my stop.
   (A) miss　(B) missing　(C) was missing　(D) missed
3. 彼は母親に素敵な母の日のプレゼントを贈りました。
   He (　　　　　　　) his mother a nice Mother's Day present.
   (A) give　(B) was give　(C) gave　(D) was given
4. 私はオンラインでおたくの求人を見ました。
   I (　　　　　　　) your job opening online.
   (A) see　(B) saw　(C) am seeing　(D) seeing
5. きのうの夜は雪が降っていました。
   It (　　　　　　　) last night.
   (A) was snow　(B) is snowing　(C) was snowed　(D) was snowing

B 次の英文を日本語に直しなさい。

1. When was your first love?
2. We had a good time in New York this summer.
3. You were talking in your sleep last night.
4. Some students were using the internet in the computer room.
5. I was thinking of her, and she emailed me.

C 日本文の意味を表すように括弧内の語句を並べ替えて英文を書きなさい。

1. 私たち以外に教室には誰もいませんでした。
   There (one / was / in / no) the classroom except us.

2. あなたは今朝何時に起きましたか。
   What (did / get / time / you) up this morning?

3. 私はその時電話中でした。
   I (the / talking / on / was) phone at the time.

4. 彼はシアトルで生まれ育ちました。
   He (born / was / raised / and) in Seattle.

5. 私はきのう友達と新宿へ買い物に行きました。
   I (in / went / Shinjuku / shopping) with my friends yesterday.

D 日本文の意味を表すように選択肢から適語を選び、語形を変えて空所を補充しなさい。

[take, give, buy, be, run]

1. 私はマクドナルドにいて, 友達にばったり会いました。
   I was at McDonald's and ( ) into a friend of mine.
2. あなたはきのうの夜10時頃何をしていましたか。
   What ( ) you doing around 10 p.m. last night?
3. 私たちは京都に一泊旅行しました。
   We ( ) an overnight trip to Kyoto.
4. 彼女はこのスニーカーを70ドルで買いました。
   She ( ) these sneakers for seventy dollars.
5. 彼は駅まで車に乗せてくれました。
   He ( ) me a ride to the station.

Unit 5 未来形

未来の表わし方

1 will + 動詞の原形

1. I'll tweet as soon as possible.（私はできるだけ早くツイートします）
2. We will have a math exam next Monday.
   （私たちは来週の月曜日に数学の試験があります）
3. It will be cold tomorrow.（明日は寒いでしょう）
4. I won't go to karaoke this evening.（私は今夜カラオケに行きません）
5. Will he come and see us next week?（彼は来週私たちに会いに来ますか）
   — Yes, he will.（はい，来ます）　— No, he won't.（いいえ，来ません）

● will + 動詞の原形で，意志，推量などを表す。
● 否定文は，主語 + will not [won't] + 動詞の原形 + ～.
● 疑問文は，Will + 主語 + 動詞の原形 + ～?

2 be going to + 動詞の原形

1. I'm going to study abroad in the UK next year.
   （私は来年イギリスに留学するつもりです）
2. We are going to go swimming tomorrow.
   （私たちは明日泳ぎに行くつもりです）
3. She is going to stay in Paris for a week.（彼女はパリに1週間滞在する予定です）
4. I'm not going to watch TV today.（私は今日テレビを見るつもりはありません）
5. Are you going to see him this evening?（あなたは今夜彼に会う予定ですか）
   — Yes, I am.（はい，そうです）　— No, I'm not.（いいえ，違います）

● be going to + 動詞の原形で，意志，推量などを表す。
● 否定文は，主語 + am [are / is] + not + going to + 動詞の原形 + ～.
● 疑問文は，Am [Are / Is] + 主語 + going to + 動詞の原形 + ～?

3 現在形

1. Next Thursday is a holiday.（来週の木曜日は休日です）
2. The museum opens at ten tomorrow morning.
   （博物館は明日の朝10時開館です）
3. I'm going shopping this weekend.（私は今週末に買い物に行きます）
4. The rapid train is arriving soon.（快速電車がまもなく到着します）
5. The shuttle bus is about to leave.（シャトルバスが出るところです）

● 変わることのない日時，既に決定している予定などは，現在形を用いてこれから先のこととして表わすことができる。

PRACTICE

A 日本文の意味を表すように適切な語句を選びなさい。

1. ティムは来年大学で地理学を勉強する予定です。
   Tim is going (　　　　　　　) geography in college next year.
   (A) study　(B) to study　(C) studies　(D) to studying

2. 先のことは分かりません。
   You never know what (　　　　　　　).
   (A) to happen　(B) happen　(C) will happen　(D) has happened

3. 急ぎましょう。終電が深夜1時に出ます。
   Let's hurry. The last train (　　　　　　　) at 1 a.m.
   (A) left　(B) was leaving　(C) leave　(D) leaves

4. 隅田川で今夜花火大会があります。
   There (　　　　　　　) a fireworks show at the Sumida River this evening.
   (A) is going to be　(B) was to have
   (C) is going to be had　(D) would have

5. 私たちは4月から社会人になります。
   We (　　　　　　　) working in April.
   (A) started　(B) are started　(C) were working　(D) will start

B 次の英文を日本語に直しなさい。

1. Will eight o'clock be all right?

2. He won't go skiing this winter.

3. Take your umbrella with you. It's going to rain.

4. I'll have a sandwich and a small Coke.

5. I'm going to buy a new iPhone next week.

C 日本文の意味を表すように括弧内の語句を並べ替えて英文を書きなさい。

1. あなたはディナーは何を食べるつもりですか。
   What are (to / going / you / have) for dinner?

2. あなたは来週忙しいですか。
   Are (going / be / to / you) busy next week?

3. 明日の天気はどうですか。
   How (be / will / weather / the) tomorrow?

4. 私は今日の午後2時は空いています。
   (be / at / free / I'll) two this afternoon.

5. 私たちは金曜日にクリスマスパーティーをします。
   We (having / a / Christmas / are) party on Friday.

D 日本文の意味を表すように選択肢から適語を選び、語形を変えて空所を補充しなさい。

[fly, be, do, go, go]

1. 明日は月曜日で、火曜日ではありません。
   Tomorrow (   ) Monday, not Tuesday.
2. 私たちは新婚旅行でフランスに行く予定です。
   We are (   ) to go to France for our honeymoon.
3. ナイターは何時に始まりますか。
   What time (   ) the night game start?
4. あなたは今日授業に行きますか。
   Are you (   ) to class today?
5. 父は明日出張でシンガポールに飛行機で行きます。
   My father is (   ) to Singapore on business tomorrow.

Unit 6 現在完了形

現在完了形の用法

1 完了・結果：～したところである

1. I have just faxed the document.（私はちょうど文書をファックスしたところです）
2. He has already read the book.（彼はすでにその本を読んでしまいました）
3. Carl is not here now. He has gone to Edmonton.
(カールは今ここにいません。エドモントンに行ってしまいました）
4. Have you finished your paper yet?
(あなたはもうレポートをやり終えましたか）

2 経験：～したことがある

1. I've climbed Mt. Fuji three times.（私は富士山に3回登ったことがあります）
2. He has written a letter in English twice.
(彼は英語で手紙を書いたことが2回あります）
3. Have you ever been to Australia?
(あなたはオーストラリアに行ったことがありますか）
4. She has never drunk whiskey.
(彼女は一度もウイスキーを飲んだことがありません）

3 継続：ずっと～している

1. She has been in Sacramento for a week.（彼女はサクラメントに1週間います）
2. We haven't seen you for three months. Where have you been?
(3ヶ月ぶりですね。どこにいたのですか）
3. It's been snowing in Hokkaido since last week.（北海道は先週から雪です）

- 現在完了は，主語 + have [has] + 過去分詞の形で，起点が過去の行為や状態が現在にまで及んでいることを表わす。
- 短縮形

  I have → I've　we have → we've　you have → you've
  he has → he's　she has → she's　it has → it's
  they have → they've
- 否定文は，主語 + have [has] + not + 過去分詞 + ～.

  ☆ 短縮形は have not → haven't,　has not → hasn't
- 疑問文は，Have [Has] + 主語 + 過去分詞 + ～?
- 過去分詞の作り方

  〈1〉規則動詞なら過去形と同じで，動詞の原形にd, edをつける。
  〈2〉不規則動詞なら動詞によって色々な形がある。
  例：give → gave → given　take → took → taken　do → did → done

PRACTICE

A 日本文の意味を表すように適切な語句を選びなさい。

1. 私は英語を勉強して7年になります。
   I (　　　　　　　) English for seven years.
   (A) study　(B) was studying
   (C) have been studying　(D) am studied
2. 彼は長い間スペイン料理を食べていません。
   He hasn't eaten Spanish food (　　　　　　　) a long time.
   (A) by　(B) since　(C) from　(D) for
3. 私たちがシドニーに来て3年半になります。
   It's been three and a half years since we (　　　　　　　) to Sydney.
   (A) come　(B) came　(C) are coming　(D) were coming
4. 彼女はもう宿題をやりましたが，私はまだです。
   She has already done her homework, but I (　　　　　　　) yet.
   (A) am not　(B) don't　(C) hasn't　(D) haven't
5. 私は2週間前にカクテルパーティーで彼女に会いました。
   I (　　　　　　　) her two weeks ago at the cocktail party.
   (A) meet　(B) met　(C) have met　(D) am meeting

B 次の英文を日本語に直しなさい。

1. Karen has never eaten *sukiyaki*.
2. It's been only three months since I began playing tennis.
3. I have been to Sweden four times.
4. He has played golf twice a week for a year.
5. Have you bought a new iPad yet?

C 日本文の意味を表すように括弧内の語句を並べ替えて英文を書きなさい。

1. あなたは車を運転してどのくらいになりますか。
   How (been / long / have / you) driving?

2. ラスベガスでは3ヶ月間雨が降っていません。
   It (rained / for / three / hasn't) months in Las Vegas.

3. ジェシカはきのうから学校を休んでいます。
   Jessica (absent / has / from / been) school since yesterday.

4. 私はその映画を10回見たことがあります。
   (have / that / seen / I) movie ten times.

5. 私はちょうどホームページを開設したところです。見てくださいね。
   (just / built / have / I) my own site. Please check it out.

D 日本文の意味を表すように選択肢から適語を選び、語形を変えて空所を補充しなさい。

[hear, be, live, use, like,]

1. 彼は生まれてからこの町に住んでいます。
   He has ( ) in this town since he was born.
2. あなたはパワーポイントを使ったことがありますか。
   Have you ever ( ) PowerPoint?
3. 私は2023年から保険会社に勤めています。
   I have ( ) working for an insurance company since 2023.
4. 私はそんな話を一度も聞いたことがありません。
   I have never ( ) such a story.
5. 彼女は昔からずっとハワイが好きです。
   She has always ( ) Hawaii.

Unit 7 助動詞

助動詞の種類と用法

1 can

1. She can sing and dance very well.（彼女は歌と踊りがとても上手です）
2. Can we Skype at 8 p.m.?（午後８時にスカイプできますか）
3. This question can't be difficult.（この問題は難しいはずがありません）
4. Could you give me your office number?（会社の電話番号を教えていただけますか）

● can + 動詞の原形で，能力，状況（～できる），可能性（～でありうる）

● couldはcanの過去形　Could you ～？は丁寧な依頼表現

2 may

1. May I use your phone?（電話を借りてもいいですか）
2. You may sit here.（ここに座ってもいいですよ）
3. You may be right.（あなたの言う通りかも知れません）
4. He may win the speech contest.（彼はスピーチコンテストで優勝するかも知れません）

● may + 動詞の原形で，許可（～してもよい），推量（～かも知れない）

● May I ～？はCan I ～？よりも改まった丁寧な言い方

3 must

1. I must avoid fatty food.（私は脂っこい食べ物を避けなければなりません）
2. You must see your doctor right away.（すぐに医者に診てもらいなさい）
3. You must be hungry.（お腹空いたでしょう）
4. That gentleman must be Mr. Carter.（あの紳士はカーターさんに違いありません）

● must + 動詞の原形で，義務（～しなければならない），推量（～に違いない）

● have [has] toは客観的理由に重きがあるが，mustとほぼ同じ意味で使える。

● mustに過去形はなく，had toを用いる。

＊ You have to get a haircut.（散髪してもらいなさい）

＊ I had to stay home today.（私は今日家にいなければなりませんでした）

4 should

1. You should talk with her.（あなたは彼女と話すべきです）
2. Should we start the meeting now?（そろそろ会議を始めましょうか）
3. He should be finished with his graduation thesis by now.
（彼は今ごろはもう卒業論文を終えているはずです）
4. You should have come to the party.（パーティーに来ればよかったのに）

● should + 動詞の原形で，忠告・提案（～すべきである／～したほうがいい），推量（～のはずである）

● should have + 過去分詞で「～すべきだった」

• PRACTICE •

A 日本文の意味を表すように適切な語句を選びなさい。

1. 私は英語の試験のために，もっと一生懸命勉強しておくべきでした。
   I (   ) have studied harder for the English exam.
   (A) may (B) will (C) must (D) should
2. 友達をバーベキューパーティーに連れて来てもいいですか。
   (   ) I bring my friends to the barbecue party?
   (A) must (B) have to (C) will (D) can
3. 昼食は何がいいですか。
   What (   ) you like to have for lunch?
   (A) can (B) would (C) should (D) may
4. 従業員は全員会議に出席しなければなりません。
   All the employees (   ) attend the meeting.
   (A) may (B) can (C) must (D) could
5. ここにサインしていただけますか。
   (   ) I have your signature here?
   (A) Shall (B) Should (C) Must (D) May

B 次の英文を日本語に直しなさい。

1. Can I ask you something?
2. You have to be back by ten o'clock.
3. He may be late for the meeting.
4. Shall I make you some coffee?
5. Would you say that again, please?

C 日本文の意味を表すように括弧内の語句を並べ替えて英文を書きなさい。

1. 来週の火曜日までに請求書を送っていただけますか。
   Could (me / send / you / the) bill by next Tuesday?

2. このボタンを押すだけでいいんです。
   All (to / have / you / do) is press this button.

3. 彼女は新しい仕事に満足しているに違いありません。
   She (be / with / must / happy) her new job.

4. タバコを減らした方がいいな。
   (cut / I'd / down / better) on cigarettes.

5. 明日の午後は何時に会いましょうか。
   What (meet / time / we / shall) tomorrow afternoon?

D 日本文の意味を表すように選択肢から適語を選び空所を補充しなさい。

[can, shall, must, would, should]

1. 宿題を手伝いましょうか。
   (   ) I help you with your homework?
2. 歴史学215を取った方がいいよ。面白い授業だから。
   You (   ) take History 215. It's an interesting course.
3. ケイトに私からよろしくと伝えていただけますか。
   (   ) you say hello to Kate for me?
4. 彼女は英語とフランス語を流暢に話すことができます。
   She (   ) speak English and French fluently.
5. 彼は今週忙しいに違いありません。
   He (   ) be busy this week.

Unit 8 名詞・冠詞

名詞

1 可算名詞

1. There are three desks and ten chairs in this room.
（この部屋には机が3台と椅子が10脚あります）
2. He has a big family.（彼は大家族です）

● 可算名詞は数えることができる名詞で，単数形と複数形の両方があり，単数形の前に不定冠詞のa/anが置かれる。

● 可算名詞には普通名詞と集合名詞がある。

2 不可算名詞

1. Alice is from Florida.（アリスはフロリダ出身です）
2. Can I have a sheet of paper?（紙を1枚もらえますか）
3. Do you like music?（あなたは音楽が好きですか）

● 不可算名詞は数えることができない名詞で，単数形のみあり不定冠詞a/anは用いない。

● 不可算名詞には固有名詞，物質名詞，抽象名詞がある。

● 不可算名詞は容器，量，単位を表す名詞を用いて数量化する。

two cups of coffee（コーヒー2杯）　a glass of wine（ワイン1杯）
three pieces of chalk（チョーク3本）　a lot of rain（たくさんの雨）

冠詞

1 不定冠詞

1. My mother is a doctor.（私の母は医者です）
2. He drives an American car.（彼はアメ車を運転しています）

● 不定冠詞[a, an]は初めて話題にあがったもの，複数ある中の1つを表す。

2 定冠詞

1. How do I get to the post office?（郵便局へはどうやって行ったらいいですか）
2. The sun rises in the east and sets in the west.（太陽は東から昇って西へ沈みます）
3. He can play the guitar.（彼はギターを弾くことができます）

● 定冠詞[the]は話し手と聞き手が了解しているもの，唯一無二のもの，方角，総称などを表す。

3 無冠詞

1. I was born in December.（私は12月生まれです）
2. She went to bed at eleven.（彼女は11時に寝ました）
3. He goes to school by bike.（彼は自転車通学です）

● 月，曜日，交通手段，本来の機能を表す建物や場所などは冠詞がつかない。

PRACTICE

A 日本文の意味を表すように適切な語句を選びなさい。

1. 今何時ですか。
   Do you have ( )?
   (A) a time (B) the time (C) the times (D) some time
2. ジョーと私はのどが渇いています。水を２杯もらえますか。
   Joe and I are thirsty. Can you give us ( )?
   (A) two glass of water (B) two glass of waters
   (C) two glasses of water (D) two glasses of waters
3. 彼はその件について私にアドバイスを３つしてくれました。
   He gave me ( ) about the matter.
   (A) three advice (B) three advices
   (C) three piece of advice (D) three pieces of advice
4. 今夜は私が皿を洗います。
   I'll do ( ) this evening.
   (A) dish (B) a dish (C) the dishes (D) some dish
5. 彼女はバスで学校へ行きます。
   She goes to school by ( ).
   (A) bus (B) a bus (C) the bus (D) some bus

B 次の英文を日本語に直しなさい。

1. Three large Cokes and six pieces of chicken to go, please.
2. I brush my teeth before I go to bed.
3. I have lost two kilos in four months.
4. He wrote down a few messages on a sheet of paper.
5. I like beef better than pork.

C 日本文の意味を表すように括弧内の語句を並べ替えて英文を書きなさい。

1. ケーキをもう一切れいかがですか。
   Would you like (of / another / cake / piece)?

2. 彼女はオンラインで買い物をたくさんします。
   She does (lot / shopping / of / a) online.

3. メアリーと私は5年来の友人です。
   Mary and I have been (five / friends / for / years).

4. 私はコンビニで牛乳を3パック買いました。
   I bought (of / three / milk / cartons) at the convenience store.

5. "RING"にはRが1つあります。
   There (an / is / in / R) "RING."

D 日本文の意味を表すように選択肢から適語を選び、語形を変えて空所を補充しなさい。

[pair, piece, this, cup, Friday]

1. 今月は金曜日が5回あります。
   There are five (　　　　　　) this month.
2. 彼女は赤い靴を4足持っています。
   She has four (　　　　　　) of red shoes.
3. 家具を何点か見せていただけますか。
   Could you show me several (　　　　　　) of furniture?
4. このズボンを試着してもいいですか。
   Can I try on (　　　　　　) pants?
5. 彼はコーヒーを2杯飲みました。
   He drank two (　　　　　　) of coffee.

Unit 9 受動態

1 受動態の基本形

Jack wrote this blog.（ジャックはこのブログを書きました）

This blog was written by Jack.（このブログはジャックによって書かれました）

- 受動態は能動態の文の目的語を主語に置き，be動詞 ＋ 過去分詞で「〜される」という意味を表わす。
- 動作主はbyの後ろに置かれる。
- 主語の時制，単複形に応じてbe動詞はam, is, are, was, wereのいずれかになる。また，助動詞のあとでは原形のbeになる。

1. These pictures were drawn by Chagall.
（これらの絵はシャガールによって描かれました）
2. Kangaroos are loved by every Australian.
（カンガルーはすべてのオーストラリア人によって愛されています）
3. I was bitten by a mosquito.（私は蚊に刺されました）

2 by 〜を用いない受動態

1. This novel was translated into fifty languages.
（この小説は50ヶ国語に翻訳されました）
2. He was elected MVP of the World Series.
（彼はワールドシリーズでMVPに選ばれました）
3. These PCs were made in Taiwan.
（これらのパソコンは台湾で作られました）

- 動作主を明示する必要がない場合は，by〜は省略される。

3 by 以外の前置詞を用いる受動態

1. We were surprised at his proposal.（私たちは彼の提案に驚きました）
2. I am interested in German literature.
（私はドイツ文学に興味があります）
3. I was caught in a shower on my way to school.
（私は学校へ行く途中にわか雨にあいました）
4. Cheese and butter are made from milk.
（チーズとバターは牛乳から作られます）

- by以外の前置詞が使われる表現には他に次のようなものがある。

be known to〜（〜に知られている） be pleased with〜（〜が気にいる）
be covered with〜（〜に覆われている） be excited about〜（〜にワクワクする）

PRACTICE

A 日本文の意味を表すように適切な語句を選びなさい。

1. コロンビア大学は1754年に創立されました。
   Columbia University was (　　　　　　　) in 1754.
   (A) find　(B) found　(C) to find　(D) founded
2. 英語は世界中で話されています。
   English is (　　　　　　　) all over the world.
   (A) speak　(B) spoken　(C) speaks　(D) speaking
3. ジョンソン教授の講義は今日は休講です。
   Professor Johnson's lecture is (　　　　　　　) today.
   (A) cancel　(B) canceling　(C) canceled　(D) to cancel
4. 彼女は祖母にちなんで名づけられました。
   She was (　　　　　　　) after her grandmother.
   (A) named　(B) name　(C) naming　(D) being named
5. グレースはおばさんに育てられました。
   Grace was (　　　　　　　) up by her aunt.
   (A) bring　(B) bringing　(C) brought　(D) being bringing

B 次の英文を日本語に直しなさい。

1. The library is closed at ten o'clock on weekdays.
2. Who was the PC invented by?
3. These poems were written by my aunt.
4. The vase was broken into pieces by Ted yesterday.
5. This bottle is made of plastic.

C 日本文の意味を表すように括弧内の語句を並べ替えて英文を書きなさい。

1. 明日の午後はどこであなたに連絡がつきますか。
   Where (you / can / reached / be) tomorrow afternoon?

2. すみません。ご用件は伺っておりますか。
   Excuse me. (you / helped / Are / being), sir?

3. ロンドン発の784便は濃霧のために遅れています。
   Flight 784 from London (been / delayed / by / has) heavy fog.

4. 卒業論文はまだ完成していないということですか。
   Do you mean your graduation (is / thesis / finished / not) yet?

5. スポーツ用品はあの店で売られていると私は思います。
   I think sporting (are / at / goods / sold) that shop.

D 日本文の意味を表すように選択肢から適語を選び、語形を変えて空所を補充しなさい。

[know, call, use, solve, fix]

1. デトロイトは「モーターシティ」と呼ばれています。
   Detroit is (　　　　　　) the "Motor City."
2. 心配入りません。これらの問題は解決できます。
   Don't worry. These problems can be (　　　　　　).
3. スマートフォンは世界中の多くの人によって使われています。
   Smartphones are (　　　　　　) by a lot of people throughout the world.
4. ジョージ・ワシントンはすべてのアメリカ市民に知られています。
   George Washington is (　　　　　　) to every American citizen.
5. テレビは父によって修理されました。
   The TV set was (　　　　　　) by my father.

Unit 10 前置詞

1 時間を表わす前置詞

1. I get up at five and go to bed at eleven.（私は5時に起きて11時に寝ます）
2. He was born on May 5th, 2013.（彼は2013年5月5日に生まれました）
3. I studied English from three to six.（私は3時から6時まで英語を勉強しました）
4. We stayed in Ottawa for a week.（私たちはオタワに1週間滞在しました）
5. You have to come home by ten.（10時までには家に戻ってきなさい）

● 他には, till / until（～まで）, after（～の前）, after（～の後）, during（～の間）など

2 場所を表わす前置詞

1. There are two air conditioners in this classroom on the ceiling.
   （この教室は天井にエアコンが2台ついています）
2. He lives near the supermarket.（彼はスーパーの近くに住んでいます）
3. Change trains at Shibuya.（渋谷で電車を乗り換えてください）
4. The bank is just across the street.（銀行は通りの向こう側にあります）
5. I walked from the station to my house.（私は駅から家まで歩きました）

● 他には, for（～に向けて）, into（～の中へ）, by（～のそばに）, under（～の下に）など

3 前置詞の表わすさまざまな意味

1. Are you on Twitter?（あなたはツイッターをやっていますか）〈進行〉
2. I got an A in Math 210.（私は数学210はAでした）〈分野〉
3. He came here by train.（彼は電車でここへ来ました）〈手段〉
4. Are you for or against my plan?
   （あなたは私の計画に賛成ですか, 反対ですか）〈賛成・反対〉
5. I'm a member of the tennis club.（私はテニス部の部員です）〈所属〉

● 前置詞は名詞などの前に置いて, 時間, 場所, 手段, 方法, 所属をはじめとするなどさまざまな意味を表す。

4 熟語表現の中の前置詞

1. I'm looking for a part-time job.（私はアルバイトを探しています）
2. Could you turn off the TV? I want to concentrate on my homework.
   （テレビを消していただけますか。宿題に集中したいんです。）
3. Did she make up with him?（彼女は彼と仲直りしましたか）
4. The tennis match was postponed because of the typhoon.
   （台風のためにテニスの試合は延期されました）

● 2語以上の語句でひとつの意味を表わすのが熟語で, その中に前置詞が使われているものをまとめて覚えるようにしよう。

PRACTICE

A 日本文の意味を表すように適切な語句を選びなさい。

1. テレビで何をやっていますか。
   What's (　　　　　　　) TV?
   (A) about　(B) for　(C) over　(D) on
2. このVネックのセーターで黄色はありますか。
   Do you have this V-neck sweater (　　　　　　　) yellow?
   (A) from　(B) in　(C) by　(D) with
3. 息子はオンラインゲームにはまっています。
   My son is (　　　　　　　) playing online games.
   (A) out of　(B) over　(C) into　(D) at
4. 明日の朝10時に車で迎えに行きます。
   I'll pick you (　　　　　　　) at ten o'clock tomorrow morning.
   (A) up　(B) out　(C) into　(D) off
5. 2時から3時の間に私のオフィスに来られますか。
   Can you come to my office (　　　　　　　) two and three?
   (A) before　(B) after　(C) between　(D) with

B 次の英文を日本語に直しなさい。

1. Thank you for your email.
2. There's a supermarket in front of the station.
3. Look at page sixty-five of your textbook.
4. A new stadium is under construction in our town.
5. After finishing my paper last night, I went to bed at 11:30.

C 日本文の意味を表すように括弧内の語句を並べ替えて英文を書きなさい。

1. 彼は学校へ行く途中です。
He is (to / on / way / his) school.

2. ここから上野動物園へはどうやって行ったらいいですか。
How do I (to / from / get / Ueno Zoo) here?

3. 映画館はボーリング場の隣です。
The movie theater (to / is / the / next) bowling alley.

4. 彼はローマに2週間滞在するでしょう。
He will stay (for / in / two / Rome) weeks.

5. テーブルのアップルパイを自由に食べてください。
Help (on / the apple pies / yourself / to) the table.

D 日本文の意味を表すように選択肢から適語を選び空所を補充しなさい。

[from, for, with, by, through]

1. 彼女は結婚して子供が3人います。
She is married (　　　　　) three children.
2. 父は在宅勤務です。
My father works (　　　　　) home.
3. 私たちはクイーン博物館に行くにはトンネルを通らなければなりません。
We have to go (　　　　　) the tunnel to get to the Queen Museum.
4. ところで, 最近ジェームズから連絡はありましたか。
(　　　　　) the way, have you heard from James lately?
5. 来週の水曜日は何時が都合がいいですか。
What time is good (　　　　　) you next Wednesday?

Unit 11 形容詞・副詞

形容詞

1 形容詞の働き

1. That old man is cheerful and kind.（あの老人は陽気で親切です）
2. You look sad. Do you feel down?（悲しそうね。落ち込んでいるの）
3. Something strange happened yesterday.（きのう変なことが起きました）

- 形容詞には名詞を修飾する用法と動詞の補語になる用法がある。
- -thing, -one, -body で終わる語を修飾する形容詞はこれらの語の後ろに来る。

2 数や量を表わす形容詞

1. Did many people come to the concert?（たくさんの人がコンサートに来ましたか）
2. We don't have much rain in Texas.（テキサスではあまり雨が降りません）
3. He told us a few jokes.（彼は私たちにジョークをいくつか言いました）
4. Few people attended the seminar.（セミナーに参加した人はほとんどいませんでした）
5. He can speak a little Spanish.（彼はスペイン語を少し話すことができます）
6. There is little furniture in this room.（この部屋には家具がほとんどありません）

- a few, few, many は可算名詞を，a little, little, much は不可算名詞を修飾する。

副 詞

1 副詞の働き

1. She speaks Italian well.（彼女はイタリア語を上手に話します）
2. This box is very heavy.（この箱はとても重たいです）
3. Rick plays the violin very well.（リックはバイオリンをともて上手に弾きます）
4. I sometimes study English after dinner.（私は時々ディナーのあとに英語を勉強します）
5. He is never at home on weekends.（彼は週末は絶対に家にいません）

- 副詞は動詞，形容詞，副詞を主として修飾する。
- 副詞はおおよそ，①文末②動詞，形容詞，副詞の前③be動詞のあとに置かれる。

2 注意すべき副詞

1. She likes apples. I like apples, too.（彼女はリンゴが好きです。私もです）
2. He can speak French. He can speak German, too.（彼はフランス語を話せます。ドイツ語もです）
3. I don't drink. He doesn't, either.（私はお酒を飲みません。彼もです）
4. This beer is cold enough.（このビールは十分冷えています）

- 「～もまた」の意味の too は肯定文で，either は否定文で用いる。
- 「十分に」の意味の enough は，形容詞や副詞のあとに置かれる。

PRACTICE

A 日本文の意味を表すように適切な語句を選びなさい。

1. プリンターが故障しているに違いありません。
   There must be (   ) my printer.
   (A) something with wrong (B) wrong with something
   (C) wrong something with (D) something wrong with

2. 英語を話す時に間違えることを恐れてはいけません。
   Don't be afraid (   ) mistakes when you speak English.
   (A) make (B) in making (C) of making (D) to be made

3. 彼女は仲のいい友達が何人かいるので，ひとりぼっちではありません。
   She has (   ) good friends, so she is not lonely.
   (A) few (B) a little (C) a few (D) little

4. ほとんどすべての学生はこの音楽を聞いたことがあると私は思います。
   I think (   ) students have listened to this music.
   (A) almost all the (B) all almost the
   (C) the almost all (D) the all almost

5. 明日は天気がよさそうですね。
   It looks like (   ).
   (A) weather nice tomorrow (B) nice weather tomorrow
   (C) tomorrow weather nice (D) weather tomorrow nice

B 次の英文を日本語に直しなさい。

1. Could I have some more whiskey?

2. This pasta needs a little pepper.

3. I don't really like smoked salmon.

4. He sometimes drinks on his way home.

5. I hope something wonderful happens to you.

C 日本文の意味を表すように括弧内の語句を並べ替えて英文を書きなさい。

1. 私の車はあなたの車と同じ色です。
   My car is (color / same / the / as) yours.

2. あなたはスピーチの準備はできていますか。
   Are (for / you / ready / your) speech?

3. 私はこんな面白い映画を見たことがありません。
   I have never (such / seen / funny / a) movie.

4. あなたはコーヒーは濃いのが好きですか。
   Do (you / coffee / your / like) strong?

5. 彼は親切なことに文書をググってくれました。
   He (enough / was / to / kind) google the document.

D 日本文の意味を表すように選択肢から適語を選び空所を補充しなさい。。

[wrong, late, usually, very, probably]

1. 彼は今夜は遅くまで仕事です。
   He is working ( ) tonight.
2. あなたは普段何時に家に帰りますか。
   What time do you ( ) get home?
3. 彼女はたぶん明日ブリスベンに出発するでしょう。
   She will ( ) leave for Brisbane tomorrow.
4. 私は今あまりお腹が空いていません。
   I'm not ( ) hungry now.
5. 私たちは降りる駅を間違えました。
   We got off at the ( ) station.

Unit 12 比較級

1 原級

1. Lisa is as tall as Ann.（リサはアンと同じくらい背が高いです）
2. Harry is not as old as Bill.（ハリーはビルほど年を取っていません）
3. I like meat as much as fish.（私は魚と同じくらい肉が好きです）
4. I cannot speak English as fluently as he.
（私は彼ほど流暢に英語が話せません）
5. This bridge is twice as long as that one.（この橋はあの橋の２倍の長さです）

● 原級は2つの物や人が同じ程度，「…倍」を表す。

2 比較級：2つの物や人の程度の違いを表す

1. His older brother is younger than I.（彼のお兄さんは私より若いです）
2. The movie is more interesting than the book.（映画は本より面白いです）
3. Baseball is much more popular than handball.
（野球はハンドボールよりずっと人気があります）
4. Your cell phone is a little lighter than mine.
（あなたの携帯電話は私のより少し軽いです）
5. I like summer better than winter.（私は冬より夏が好きです）
6. Fred runs faster than any other member of the track and field club.
（フレッドは陸上部のほかのどの部員よりも早く走ります）

● 比較級は2つの物や人の程度の違いを表す。
● 比較級には語尾が-erとなるもの，前にmoreを置くもの，不規則に変化するものがある。
● 比較級の前にはa little（少し），much（ずっと）などの語句を置いて程度を表わすことができる。

3 最上級：3つ以上の物や人の中で最高の程度を表す

1. He is the tallest in the basketball club.
（彼はバスケット部で一番背が高いです）
2. The Mackenzie River is the longest river in Canada.
（マッケンジー川はカナダで一番長い川です）
3. Arabic is the hardest language to learn.
（アラビア語は習得するのが一番難しい言葉です）
4. Marty got the highest score on the geology exam.
（マーティーは地質学の試験で最高点を取りました）
5. Who sings the best of the four?（４人の中で一番歌が上手なのは誰ですか）

● 最上級は３つ以上の物や人の中で最高の程度を表す。
● 最上級には語尾が-estとなるもの，前にthe mostを置くもの，不規則に変化するものがある。

PRACTICE

A 日本文の意味を表すように適切な語句を選びなさい。

1. 私はすべての花の中でバラが一番好きです。
   I like roses the ( ) of all the flowers.
   (A) much (B) many (C) most (D) more
2. サマンサは私たちより歌がずっとうまいです。
   Samantha sings ( ) than we do.
   (A) much good (B) much better
   (C) more better (D) best
3. バス, 電車, 飛行機で一番早いのはどれですか。
   Which is ( ), a bus, a train or an airplane?
   (A) the most fast (B) the faster
   (C) much faster (D) the fastest
4. このココアはあのココアと同じくらい甘いです。
   This cocoa is as ( ) as that one.
   (A) sweet (B) sweetest (C) sweeter (D) more sweet
5. 東京は日本のほかのどの都市よりも大きいです。
   Tokyo is ( ) than any other city in Japan.
   (A) big (B) biggest (C) bigger (D) more big

B 次の英文を日本語に直しなさい。

1. My youngest daughter goes to college on the West Coast.
2. Carol can play the piano as well as Sarah.
3. The last lesson is more difficult than any other lesson in this textbook.
4. Johnny is the tallest of the six boys.
5. We had more rain this year than last year.

C 日本文の意味を表すように括弧内の語句を並べ替えて英文を書きなさい。

1. 彼女は彼より5歳年下です。
   She is (than / five / younger / years) he is.

2. ニューヨークは世界で最もわくわくする都市の1つです。
   New York is one (exciting / of / the / most) cities in the world.

3. あなたは数学より英語が好きですか。
   Do you like (than / English / math / better)?

4. 彼女は私たちのクラスのほかのどの学生よりも英語をうまく話します。
   She speaks English (other / better / any / than) student in our class.

5. これは私が食べた中で一番美味しいレモンパイです。
   This is (lemon pie / best / I / the) have ever had.

D 日本文の意味を表すように選択肢から適語を選び、必要に応じて語形を変えて空所を補充しなさい。

[much, new, hot, cold, fast]

1. 熱海は札幌ほど寒くありません。
   It is not as ( ) in Atami as in Sapporo.
2. 彼は私より運転が慎重です。
   He is a ( ) careful driver than I.
3. ゴードンは私たちみんなの中で一番早く泳ぎます。
   Gordon swims the ( ) of us all.
4. 夏は一年で最も暑い季節です。
   Summer is the ( ) season of the year.
5. あなたのパソコンは私のより新しいです。
   Your PC is ( ) than mine.

Unit 13 不定詞・動名詞

不定詞

1 名詞的用法

1. To know is one thing and to teach is another.（知っていることと教えることは別です）
2. My goal is to win the gold medal.（私の目標は金メダルを取ることです）
3. I want to be able to speak English fluently.（私は英語を流暢に話せるようになりたいです）

● to ＋ 動詞の原形を不定詞と呼ぶ。

● 不定詞が「〜すること」という意味で主語，補語，目的語になり名詞的に機能している。

2 副詞的用法

1. He came to Japan to study Japanese.（彼は日本語を勉強するために日本に来ました）
2. Hi! I'm John. Nice to meet you.（こんにちは。ジョンです。お会いできてうれしいです）

● 不定詞が「〜するために（動作の目的）」，「〜して（感情の原因）」の意味で副詞的に動詞を修飾している。

3 形容詞的用法

1. I have a lot of homework to do.（私にはやるべき宿題がたくさんあります）
2. We have good news to tell you.（私たちにはあなたに伝えるいい知らせがあります）

● 不定詞が「〜するための」という意味で形容詞的に名詞を修飾している。

4 さまざまな不定詞表現

1. It is not good to skip breakfast every day.（毎日朝食を抜くのはよくありません）
2. The soup is too hot to eat.（スープは熱過ぎて飲めません）
3. I'll show you how to use this scanner.（このスキャナーの使い方を教えてあげます）
4. He told me to eat more vegetables.（彼は私にもっと野菜を食べるように言いました）

動名詞

1 副詞の働き

1. Studying music is a lot of fun.（音楽を勉強することはとても楽しいです）
2. My hobbies are doing magic tricks and surfing the internet.
   （私の趣味は手品とネットサーフィンです）
3. I enjoy watching YouTube every day.（私は毎日ユーチューブを見るのが楽しみです）

● 動名詞は“動詞の原形 ＋ ing”の形で主語，補語，目的語になり名詞的に機能している。

● 動詞の目的語に不定詞と動名詞のどちらかをとるかは，動詞による。

＊ 不定詞をとる動詞：want（したがる），hope（望む），decide（決心する）など

＊ 動名詞をとる動詞：avoid（避ける），mind（気にする），finish（終える）など

＊ どちらもとる動詞：like（好む），intend（しようと思う），continue（続ける）など

PRACTICE

A 日本文の意味を表すように適切な語句を選びなさい。

1. 東京から長崎まで飛行機で約2時間かかります。
   It takes about two hours ( ) from Tokyo to Nagasaki.
   (A) fly (B) flying (C) to fly (D) flew
2. 札幌からわざわざ来てくれてありがとう。
   Thank you for ( ) all the way from Sapporo.
   (A) to come (B) coming (C) come (D) being come
3. 私はホワイトハウスで大統領に会ったことを決して忘れないでしょう。
   I'll never forget ( ) the President in the White House.
   (A) meet (B) to meet (C) to have met (D) meeting
4. 私たちは今年の夏にスペインを訪れることができてうれしかったです。
   We were happy ( ) Spain this summer.
   (A) visit (B) to be visited (C) to visit (D) visited
5. 文書をテキスト形式で送っていただけますか。
   Would you mind ( ) the documents in text format?
   (A) to send (B) to be sent (C) sending (D) ent

B 次の英文を日本語に直しなさい。

1. I've decided to study English harder.
2. I don't feel like going out today. I want to stay home.
3. How about eating out this evening?
4. I have an appointment to see Professor Clark at three o'clock.
5. What do you want to study in college?

C 日本文の意味を表すように括弧内の語句を並べ替えて英文を書きなさい。

1. 冷蔵庫から何か飲み物を持ってきましょう。
   I'll get (to / you / drink / something) from the fridge.

2. 私たちは家を買うためにお金を貯めています。
   We are (money / to / buy / saving) a house.

3. 彼は英語を話すのが得意です。
   He (at / good / speaking / is) English.

4. 履歴の消去の仕方を教えてもらえますか。
   Can you tell (to / me / how / delete) the history?

5. 私たちはあなたにまもなくお会いするのを楽しみにしています。
   We are (seeing / forward / looking / to) you soon.

D 日本文の意味を表すように選択肢から適語を選び、必要に応じて語形を変えて空所を補充しなさい。

[speak, hear, chat, ask, talk]

1. 私はきのうオンラインで4時間チャットを楽しみました。
   I enjoyed ( ) online for four hours yesterday.
2. 彼は毎日2時間英語を話す練習をしています。
   He practices ( ) English for two hours every day.
3. 女の子は彼に何を質問しようかしらと思っていました。
   The girl was wondering what to ( ) him.
4. 彼はその知らせを聞けばショックを受けるでしょう。
   He will be shocked to ( ) the news.
5. 私たちは今日彼女に話しかけないようにしました。
   We avoided ( ) to her today.

Unit 14 接続詞・命令文

接続詞

1 等位接続詞

1. Christie and Janet are roommates.（クリスティーとジャネットはルームメイトです）
2. He likes math, but I don't.（彼は数学が好きですが，私は好きではありません）
3. Do you drink beer or wine?（あなたはビールを飲みますか，ワインを飲みますか）

● 等位接続詞は対等の関係にある語句を繋げ，and（そして），but（しかし），or（それとも），so（それで）などがある。

2 従属接続詞

1. When I was a college student, I studied abroad in the US for a year.
(私は大学生の時，アメリカに1年間留学しました)
2. She takes a shower before she goes out.（彼女は出かける前にシャワーを浴びます）
3. He didn't go to work, because he was sick in bed.
(彼は病気で寝ていたので，仕事に行きませんでした)

● 従属接続詞は後ろに文がきて節を作り，さまざま意味を表わす。

時間：when（～する時），while（～する間），before（～する前に），after（～した後）

理由：because, since（～なので）　譲歩：though, although（～だけれども）

● その他の接続詞としては以下のようなものがある。

both A and B（AもBも両方），either A or B（AかBのいずれか）

as soon as（～するとすぐ），so…that～（…なので～），that（～ということ）

命令文

1. Be nice to him.（彼に親切にしてね）
2. Take care. Have a nice weekend.（じゃあね。素敵な週末にしてね）
3. Don't give up hope until the last moment.（最後まで希望を捨ててはいけません）
4. Please be careful with this document.（この文書の取り扱いに注意してください）
5. Please don't open the door.（ドアを開けないでください）
6. Let's get together on Friday.（金曜日に集まりましょう）
7. Let's not rush.（急ぐのをやめましょう）

● 命令文は，動詞の原形で始めて「～しなさい」と行為を促す。

● 否定形はDon't [Never] + 動詞の原形で「～するな」という意味を伝える。neverは強い否定を表わす副詞。

● pleaseで文を始めると丁寧な表現になる。

● Let's + 動詞の原形で「～しましょう」 Let's not + 動詞の原形で「～をやめましょう」という意味を表わす。

PRACTICE

A 日本文の意味を表すように適切な語句を選びなさい。

1. 青森へは飛行機か電車で行けます。
   You can get to Aomori by plane (　　　　　　) by train.
   (A) as　(B) or　(C) so　(D) that
2. スイーツのことならまかせてください。
   Trust me (　　　　　　) it comes to sweets.
   (A) when　(B) if　(C) while　(D) though
3. 彼がパーティーに来るかどうか私には分かりません。
   I don't know (　　　　　　) he will come to the party.
   (A) since　(B) as　(C) after　(D) if
4. 妻がテレビを見ている間, 私は寝ていました。
   I was sleeping (　　　　　　) my wife was watching TV.
   (A) but　(B) even if　(C) while　(D) for
5. もうそれについて考えるのはやめましょう。
   (　　　　　　) not think about it anymore.
   (A) Never　(B) Let's　(C) Let　(D) Why

B 次の英文を日本語に直しなさい。

1. Call me on my cell phone this evening.
2. I wanted to be a doctor when I was a child.
3. I didn't buy the blouse, because it was too expensive.
4. Be careful not to catch a cold.
5. Please look at the whiteboard.

C 日本文の意味を表すように括弧内の語句を並べ替えて英文を書きなさい。

1. その箱はとても重かったので, 男の子は持ち上げることができませんでした。
   The box was (so / the / that / heavy) boy couldn't lift it.

2. マイク, 授業に遅れてはいけませんよ。
   Mike, (for / be / don't / late) class.

3. 明日雨が降らないといいですね。
   I (it / rain / hope / doesn't) tomorrow.

4. 私は英語の試験はそんなに難しいとは思いませんでした。
   I didn't (that / English / think / the) exam was that difficult.

5. 彼女はピアノもバイオリンも弾くことができます。
   She can play (piano / and / the / both) the violin.

D 日本文の意味を表すように選択肢から適語を選び、必要に応じて語形を変えて空所を補充しなさい。

[let, soon, do, that, although]

1. 私は彼女がいい先生になると思います。
   I think ( ) she'll make a good teacher.
2. 緊張しないでください。笑顔でリラックスしてください。
   ( ) be nervous. Smile and relax.
3. メルボルンに着いたらすぐにメールします。
   I'll email you as ( ) as I arrive in Melbourne.
4. 私は一生懸命勉強しましたが, 数学250を落としました。
   ( ) I studied hard, I failed Math 250.
5. ジュリエットのためにサプライズパーティーをしましょう。
   ( ) have a surprise party for Juliet.

Unit 15 関係詞・仮定法

関係詞

1 関係代名詞

1. Michael is a blogger who is popular with young people.
   (マイケルは若者に人気があるブロガーです)
2. This is a novel that I have read five times.(これは私が5回読んだことがある小説です)
3. We were surprised at what he said.(私たちは彼が言ったことに驚きました)

● 関係代名詞は文を従えて先行する名詞(先行詞)を修飾する働きをし,主格(who, that, which),所有格(whose),目的格(that, which, whom:省略可)がある。

● whatは先行詞を含み「~するもの・こと」を意味する。

2 関係副詞

1. Let's meet at the coffee shop where we had the delicious lunch last week.
   (先週美味しい昼食を食べた喫茶店で会いましょう)
2. That's the main reason why we need his help.
   (それが私たちが彼の助けを必要とする主な理由です)

● 関係副詞は文を従えて先行する名詞(先行詞)を修飾する働きをし,where, when, why, howの4つがある。

● 関係副詞に先行詞が含まれる場合もある。

仮定法

1 仮定法の基本形

1. If I knew how to drive a car, I could take you home.
   (もし私が車の運転の仕方を知っていたら,家まで送ってあげられるでしょう)
2. If we had practiced harder, we would've won the game.
   (もし私たちがもっと一生懸命練習していたら,試合に勝てたでしょう)

● 仮定法過去は「もし~なら」と現在の仮定を表す。

If + 主語 + 動詞の過去形, 主語 + would [could / should / might] + 動詞の原形 + ~.

● 仮定法過去完了は「もし~だったら」と過去の仮定を表す。

If + 主語 + had + 過去分詞, 主語 + would [could / should / might] + have + 過去分詞 + ~.

● If節の時制が現在なら条件文となる。

If you go, I'll go, too.(もしあなたが行くのなら,私も行きます)

2 wishを使った仮定法

1. I wish I could get a good job.(いい仕事につけたらいいのになあ)
2. I wish she had called me in advance.(彼女が事前に電話をくれたらよかったのになあ)

● I wish + 仮定法過去:~だったらいいのになあ

● I wish + 仮定法過去完了:~だったらよかったのになあ

• PRACTICE •

A 日本文の意味を表すように適切な語句を選びなさい。

1. 彼はパソコンの販売会社に勤めています。
He works for a company (　　　　　　) sells PCs.
(A) who　(B) that　(C) whose　(D) when

2. もし成功したいなら，この機会を逃してはいけません。
If you (　　　　　　) to succeed, you should not miss this opportunity.
(A) had wanted　(B) want　(C) to want　(D) wanted

3. 一番心配なのは中間試験の結果です。
(　　　　　　) worries me most is the results of the midterm exams.
(A) That　(B) Who　(C) What　(D) Which

4. もし彼が真実を知ったら，とても驚くでしょう。
If he (　　　　　　) the truth, he would be very surprised.
(A) was knowing　(B) know　(C) knew　(D) will be known

5. 私たちが20年前に住んでいた小さな町は大きく変わってしまいました。
The small town (　　　　　　) we lived twenty years ago has changed a lot.
(A) when　(B) how　(C) where　(D) why

B 次の英文を日本語に直しなさい。

1. This is how she makes delicious waffles.

2. If it were Sunday tomorrow, I would go fishing.

3. That's the day when the spring semester begins.

4. This is a restaurant that is famous for its seafood.

5. If she were here, what kind of advice would she give to us?

C 日本文の意味を表すように括弧内の語句を並べ替えて英文を書きなさい。

1. もし先週の日曜日に天気がよかったら，私たちは海に行けたでしょう。
   If (been / the / had / weather) nice last Sunday, we could've gone to the beach.

2. 私たちはパーティーができるくらい庭が広い家が欲しいです。
   We want a house (is / whose / big / garden) enough for a party.

3. もう少しいたいですけど，もう帰らなければなりません。
   I wish (could / I / stay / longer), but I have to leave now.

4. それがまさに私が言いたかったことです。
   That's exactly (I / to / what / wanted) say.

5. 今朝電話してきた男の人は伝言を残しませんでした。
   The (this / called / man / who) morning didn't leave a message.

D 日本文の意味を表すように選択肢から適語を選び、必要に応じて語形を変えて空所を補充しなさい。

[pass, what, who, have, why]

1. もしお金が十分にあったら，私は六本木にマンションを買うでしょう。
   If I ( ) enough money, I would buy a condo in Roppongi.
2. 今日できることを明日に延ばしてはいけません。
   Don't put off until tomorrow ( ) you can do today.
3. トニーはギリシャ語が話せる唯一の学生です。
   Tony is the only student ( ) can speak Greek.
4. 物理学110が合格していたらよかったのになあ。
   I wish I had ( ) Physics 110.
5. それがあなたが留学したい理由ですか。
   Is that ( ) you want to study abroad?

Unit 1

学籍番号	氏名	スコア
		/20点

A 日本文の意味を表すように適語を選びなさい。(各2点)

1. 彼は親切で思いやりがあります。
   He (am / is / are) kind and thoughtful.
2. 私はビール党です。
   I (am / is / are) a beer lover.

B 日本文の意味を表すように括弧内の語句を並べ替えて英文を書きなさい。(各2点)

1. 彼は私の10年来の親友です。
   He (best / is / my / friend) of ten years.
2. 空には雲ひとつありません。
   There (not / cloud / a / is) in the sky.
3. ヒルトンホテルへはこの道でいいですか。
   Is (to / way / this / the) the Hilton Hotel?

C 日本文の意味を表すように空所を補充しなさい。(各2点)

1. 彼は心理学専攻です。
   (   ) a psychology major.
2. 私はお腹は全然空いていません。あなたはどうですか。
   (   ) not hungry at all. How about you?

D 日本文の意味を表すようにbe動詞を変化させて空所を補充しなさい。(各2点)

1. 私は犬派で彼は猫派です。
   I am a dog person, and he (   ) a cat person.
2. 公園には人がたくさんいますか。
   (   ) there many people at the park?
3. 祖母はインターネットの初心者です。
   My grandmother (   ) an internet newbie.

Unit 2

学籍番号　　氏名　　スコア　　/20点

A 日本文の意味を表すように適語を選びなさい。(各2点)

1. 彼は年のわりに若く見えます。
   He (look / looks / looking) young for his age.
2. 彼女は洗濯をしていますか。
   (Am / Is / Are) she doing the laundry?

B 日本文の意味を表すように適語を選びなさい。(各2点)

1. 私は今ポップスを聞いています。
   I am (listen / listening) to pop music now.
2. 彼は毎年東京マラソンを走っています。
   He (run / runs) the Tokyo Marathon every year.
3. 私の時計では4時57分です。
   My watch (say / says) three minutes to five.

C 日本文の意味を表すように括弧内の語句を並べ替えて英文を書きなさい。(各2点)

1. 私は英語の試験勉強をしています。
   (studying / am / for / I) my English exam.

2. あなたは学校が終わったらまっすぐ家に帰りますか。
   (straight / go / you / Do) home after school?

D 日本文の意味を表すように選択肢から適語を選び、語形を変えて空所を補充しなさい。

[have, sit, ride]

1. 彼は椅子に座っています。
   He is (　　　　　) on the chair.
2. 彼女は駅まで自転車で行きます。
   She (　　　　　) her bike to the station.
3. ワトソン教授はユーモアのセンスが抜群です。
   Professor Watson (　　　　　) a great sense of humor.

Unit 3

学籍番号　氏名　スコア　/20点

A 日本文の意味を表すように適語を選びなさい。(各2点)

1. 顔色が悪いですね。どうかしたのですか。
   You look pale. (How's / What's / Where's) wrong?
2. 調子はどうですか。
   (What's / How's / When's) it going with you?

B 日本文の意味を表すように適語を選びなさい。(各2点)

1. この単語はどういう意味ですか。
   (How / What) does this word mean?
2. 上司はどんな人ですか。
   (Which / What) is your boss like?
3. 彼に電話したらどうですか。
   (Where / Why) don't you give him a call?

C 日本文の意味を表すように括弧内の語句を並べ替えて英文を書きなさい。(各2点)

1. あなたが尊敬する人は誰ですか。
   Who (you / look / do / up) to?
2. 趣味は何ですか。
   What (for / do / do / you) fun?

D 日本文の意味を表すように選択肢から適語を選び空所を補充しなさい。(各2点)

[when, what, how]

1. このアプリはどうやってダウンロードしたらいいですか。
   ( ) do I download this app?
2. 将来の夢は何ですか。
   ( ) are your dreams for your future?
3. 次の会議はいつですか。
   ( ) is the next meeting?

Unit 4

学籍番号　　氏名　　スコア　　/20点

A 日本文の意味を表すように適語を選びなさい。(各2点)

1. 私はドイツに3年間住みました。
   I (live / lived / am living) in Germany for three years.
2. ボトルにはワインは少しもありませんでした。
   There (is / be / was) no wine in the bottle.

B 日本文の意味を表すように適語を選びなさい。(各2点)

1. お母さん, コップを割ってごめんなさい。
   Mom, I'm sorry I (break / broke) the glass.
2. 私は高校では数学と化学が苦手でした。
   I (didn't / don't) like math and chemistry in high school.
3. 電話は誰からでしたか。
   Who (have / was) the phone call from?

C 日本文の意味を表すように括弧内の語句を並べ替えて英文を書きなさい。(各2点)

1. あなたは大学をいつ卒業しましたか。
   When (did / graduate / you / from) college?

2. 私はそれはいいアイデアだと思いました。
   I (that / a / was / thought) good idea.

D 日本文の意味を表すように選択肢から適語を選び、語形を変えて空所を補充しなさい。(各2点)

[eat, bake, freeze]

1. あなたの助けが必要です。パソコンがフリーズしました。
   I need your help. My PC ( ) up.
2. 彼はチャーハンを3人前食べました。
   He ( ) three servings of fried rice.
3. 彼女は今日ケーキを4つ焼きました。
   She ( ) four cakes today.

Unit 5

学籍番号　　氏名　　スコア　　/20点

A 日本文の意味を表すように適語を選びなさい。(各2点)

1. 雨はすぐにやむと思いますか。
   Do you think the rain (is going / will / will be) let up soon?
2. 急ぎなさい。バスに乗り遅れますよ。
   Hurry up! You (are to going / are to go / are going to) miss the bus.

B 日本文の意味を表すように適語を選びなさい。(各2点)

1. もうすぐ母の日です。
   Mother's Day (is coming / come) soon.
2. 試験はいつ終わりますか。
   When (is going / will) the exam be over?
3. 私は今年の夏にオーストラリアで英語を勉強するつもりです。
   I'm going (to studying / to study) English in Australia this summer.

C 日本文の意味を表すように括弧内の語句を並べ替えて英文を書きなさい。(各2点)

1. 今週末は何をするつもりですか。
   What (this / you / are / doing) weekend?
2. 今日はお昼をご馳走します。
   (you / to / treat / I'll) lunch today.

D 日本文の意味を表すように選択肢から適語を選び、必要に応じて語形を変えて空所を補充しなさい。(各2点)

[move, do, begin]

1. 明日は残業です。
   I'm ( ) overtime tomorrow.
2. 期末試験は来週の火曜日からです。
   Finals ( ) next Tuesday.
3. あなたはいつボストンに引っ越しますか。
   When are you ( ) to Boston?

Unit 6

学籍番号　　氏名　　スコア　　/20点

A 日本文の意味を表すように適語を選びなさい。(各2点)

1. 彼がサンディエゴを発ってから4年になります。
   It has been four years since he (leaves / left / was leaving) San Diego.
2. 私は最近よく眠れません。
   I haven't (sleep / am sleeping / slept) well lately.

B 日本文の意味を表すように適語を選びなさい。(各2点)

1. 時計が動かなくなりました。
   My watch has (stop / stopped) working.
2. 私はきのうから頭痛です。
   I've (have / had) a headache since yesterday.
3. あなたはイタリアに旅行したことがありますか。
   Have you ever (travel / traveled) to Italy?

C 日本文の意味を表すように括弧内の語句を並べ替えて英文を書きなさい。(各2点)

1. 彼は香港に1週間います。
   (has / in / been / He) Hong Kong for a week.
2. 私は一度もマレーシアに行ったことがありません。
   I've (Malaysia / been / to / never).

D 日本文の意味を表すように選択肢から適語を選び、語形を変えて空所を補充しなさい。(各2点)

[have, lose, apply]

1. あなたはもう奨学金を申し込みましたか。
   Have you ( ) for the scholarship yet?
2. 娘は3時からピアノの練習をしています。
   My daughter ( ) been practicing the piano since three o'clock.
3. 私は玄関の鍵をなくしてしまいました。
   I have ( ) the key to the front door.

Unit 7

学籍番号　　氏名　　スコア　　/20点

A 日本文の意味を表すように適語を選びなさい。(各2点)

1. 私は3年前はパソコンが使えませんでした。
   I was not able (use / using / to use) my PC three years ago.
2. エアコンをつけましょうか。ここはとても暑いですよ。
   (Will / Shall / Must) I turn on the air conditioner? It's so hot in here.

B 日本文の意味を表すように適語を選びなさい。(各2点)

1. ワインを1杯いかがですか。
   (May / Would) you like a glass of wine?
2. 私は銀行へお金を引き出しに行かなければなりませんでした。
   I (have / had) to go to the bank to withdraw some money.
3. 彼は図書館で勉強しているに違いありません。
   He (could / must) be studying in the library.

C 日本文の意味を表すように括弧内の語句を並べ替えて英文を書きなさい。(各2点)

1. ちょっと話してもいいですか。
   (talk / I / with / Can) you for a minute?
2. 私は午後8時までに家に帰らなければなりません。
   (be / I / to / have) home by 8 p.m.

D 日本文の意味を表すように選択肢から適語を選び空所を補充しなさい。(各2点)

[may, should, would]

1. お名前と電話番号を教えていただけますか。
   (　　　　　) I have your name and phone number?
2. このあたりにコンビニがあるはずです。
   There (　　　　　) be a convenience store around here.
3. 文書をすぐにメールで送っていただけますか。
   (　　　　　) you email the documents right away?

Unit 8

学籍番号	氏名	スコア
		/20点

A 日本文の意味を表すように適語を選びなさい。(各2点)

1. 私たちはそれについてもっと情報が必要です。
   We need more (informations / information / the information) about it.
2. 私はドラムを叩けます。
   I can play (a drums / an drums / the drums).

B 日本文の意味を表すように適語を選びなさい。(各2点)

1. 東京には何区ありますか。
   How (much / many) wards are there in Tokyo?
2. 私は名古屋におじさんがいます。
   I have (a / an) uncle in Nagoya.
3. 6月は雨がたくさん降りました。
   We had a lot of (rains / rain) in June.

C 日本文の意味を表すように括弧内の語句を並べ替えて英文を書きなさい。(各2点)

1. シカゴまで往復切符を2枚ください。
   (tickets / to / round-trip / Two) Chicago, please.

2. 私は石鹸を5個400円で買いました。
   I bought (of / five / soap / bars) for four hundred yen.

D 日本文の意味を表すように選択肢から適語を選び、語形を変えて空所を補充しなさい。(各2点)

[be, car, bill]

1. 私は10ドル札を3枚持っています。
   I have three ten-dollar (   ).
2. このカップ麺は美味しいです。
   These cup noodles (   ) good.
3. 急行電車は7両編成です。
   The express train has seven (   ).

Unit 9

学籍番号　　氏名　　スコア　　/20点

A 日本文の意味を表すように適語を選びなさい。(各2点)

1. これらの動画は父によってユーチューブに投稿されました。
   These videos were (posted / posting) to YouTube by my father.
2. 私はマンチェスター大学に合格しました
   I was (accepting / accepted) at the University of Manchester.

B 日本文の意味を表すように適語を選びなさい。(各2点)

1. 彼の家は丸太でできています。
   His house is (made / make) of wooden logs.
2. そのお寺は13世紀に建てられました。
   The temple was (build / built) in the 13th century.

C 日本文の意味を表すように括弧内の語句を並べ替えて英文を書きなさい。(各2点)

1. タンクはガソリンで一杯でした。
   The tank (filled / gas / with / was).
2. 申し訳ありませんがここは禁煙です。
   I'm afraid (not / allowed / are / you) to smoke here.

D 日本文の意味を表すように選択肢から適語を選び、語形を変えて空所を補充しなさい。(各2点)

[want, visit, promote]

1. 彼は先月部長に昇進しました。
   He was (　　　　　　) to manager last month.
2. ディズニーワールドは毎年多くの家族に訪れられています。
   Disney World is (　　　　　　) by a lot of families every year.
3. リンダ, 電話ですよ。
   Linda, you are (　　　　　　) on the phone.

Unit 10

学籍番号　　氏名　　スコア　　/20点

A 日本文の意味を表すように適語を選びなさい。(各2点)

1. 右側通行。
   Keep (for / to) the right.
2. バスケットはオレンジでいっぱいです。
   The basket is full (of / into) oranges.

B 日本文の意味を表すように適語を選びなさい。(各2点)

1. 私は明日からダイエットします。
   I'll go (over / on) a diet starting tomorrow.
2. 私は今夜10時まで会社にいます。
   I'll be in the office (for / until) 10 p.m. tonight.
3. 私たちは放課後バドミントンをしました。
   We played badminton (through / after) school.

C 日本文の意味を表すように括弧内の語句を並べ替えて英文を書きなさい。(各2点)

1. 彼は約2時間で戻ります。
   He will (in / be / about / back) two hours.

2. 黒のボールペンで用紙に記入してください。
   (the / Please / out / fill) form with a black ballpoint.

D 日本文の意味を表すように選択肢から適語を選び空所を補充しなさい。(各2点)

[prepare, get, run]

1. 4番線の赤い電車に乗ってください。品川行きです。
   (　　　　　) on the red train at Track 4. It's bound for Shinagawa.
2. バターがなくなってしまいました。買ってきます。
   We have (　　　　　) out of butter. I'll go get some.
3. 私は来週のプレゼンテーションの準備をする必要があります。
   I need to (　　　　　) for next week's presentation.

Unit 11

学籍番号　　氏名　　スコア　　／20点

A 日本文の意味を表すように適語を選びなさい。(各2点)

1. ファーストフードを食べ過ぎないように注意しなさい。
   Take care not to eat (much too / too much) fast food.
2. 今日は雨がひどいので, 私は学校に行きたくありません。
   I don't want to go to school today, because it's raining (hard / hardly).

B 日本文の意味を表すように適語を選びなさい。(各2点)

1. 私はピアノを少し弾くことができます。
   I can play the piano (little / a little).
2. 彼女は完璧な英語を話します。アメリカ人みたいです。
   She speaks perfect English. She sounds (American / America).
3. 彼は3ヶ月前に日本に来ました。
   He came to Japan three months (before / ago).

C 日本文の意味を表すように括弧内の語句を並べ替えて英文を書きなさい。(各2点)

1. 私の長所の1つは何事にも前向きなことです。
   One of my strong points is that I (positive / everything / am / about).
2. 正直に言います。
   I'll (with / honest / be / you).

D 日本文の意味を表すように選択肢から適語を選び空所を補充しなさい。(各2点)

[slowly, easily, always]

1. 彼はお酒が弱いです。
   He gets drunk (　　　　　).
2. もっとゆっくり話していただけますか。
   Could you speak more (　　　　　)?
3. 彼女はいつも夜クラシック音楽を聞きます。
   She (　　　　　) listens to classical music in the evenings.

Unit 12

学籍番号　　氏名　　スコア　　/20点

A 日本文の意味を表すように適語を選びなさい。(各2点)

1. あなたはどんなスポーツが一番好きですか。
   What sport do you like (better / best)?
2. 日に日に寒くなっています。
   It's getting (colder and colder / cold and cold) day by day.

B 日本文の意味を表すように適語を選びなさい。(各2点)

1. 彼はアメリカで最も有名なバイオリニストです。
   He is the (most / more) famous violinist in America.
2. あなたのレザーブーツは私のスニーカーよりも値段が高いです。
   Your leather boots are (much / more) expensive than my sneakers.
3. 私はあなたほどテニスがうまくありません。
   I'm not as (good / better) as you are at tennis.

C 日本文の意味を表すように括弧内の語句を並べ替えて英文を書きなさい。(各2点)

1. 私は昔ほどタバコを吸いません。
   I don't (as / as / smoke / much) I used to.

2. テッドは2人の男の子のうちの背が高い方です。
   Ted is (taller / of / the / the) two boys.

D 日本文の意味を表すように選択肢から適語を選び、語形を変えて空所を補充しなさい。(各2点)

[good, much, old]

1. これはヨーロッパで最も古い教会の1つです。
   This is one of the (　　　　　) churches in Europe.
2. この香水はあの香水よりいい匂いがします。
   This perfume smells (　　　　　) than that one.
3. 私は母親が世界で一番美味しいカレーを作ると思います。
   I think my mother cooks the (　　　　　) delicious curry in the world.

Unit 13

学籍番号　　氏名　　スコア　　/20点

A 日本文の意味を表すように適語を選びなさい。(各2点)

1. 彼はサッカーをするのが好きです。
   He is fond of (to play / playing) soccer.
2. 私の姉はフランス料理の作り方を習いました。
   My older sister learned how (to cook / cooking) French food.

B 日本文の意味を表すように適語を選びなさい。(各2点)

1. 彼女は5歳の時に英語を勉強し始めました。
   She started (studied / studying) English at the age of five.
2. 私はちょうど皿を洗い終えたところです。
   I've just finished (to do / doing) the dishes.
3. 私は彼に弁護士になってもらいたいです。
   I want him (be / to be) a lawyer.

C 日本文の意味を表すように括弧内の語句を並べ替えて英文を書きなさい。(各2点)

1. 1杯おごりましょうか。
   Do you (to / want / buy / me) you a drink?
2. いろいろなサイトを訪れるのはとても楽しいです。
   It is a lot (to / of / visit / fun) many different sites.

D 日本文の意味を表すように選択肢から適語を選び、必要に応じて語形を変えて空所を補充しなさい。(各2点)

[teach, say, be]

1. 道に迷ったみたいです。ここはどこかしら。
   We seem to ( ) lost. Where are we?
2. 彼女はさよならを言わないで, 私のもとを去って行きました。
   She left me without ( ) goodbye.
3. 菜々子はカレンに英語を教えてくれるように頼みました。
   Nanako asked Karen to ( ) her English.

Unit 14

学籍番号　　氏名　　スコア　　/20点

A 日本文の意味を表すように適語を選びなさい。(各2点)

1. 私は今日は熱があるので, 学校に行きません。
   I have a fever today, (for / so / but) I won't go to school.
2. バスの進行中は立ち上がらないでください。
   Don't stand up (while / if / and) the bus is moving.

B 日本文の意味を表すように適語を選びなさい。(各2点)

1. 電話が鳴った時, 私はコーヒーを飲んでいました。
   I was drinking coffee (so / when) the phone rang.
2. 私たちは今年の夏, ロサンゼルスとニューヨークを訪れました。
   We visited Los Angeles (or / and) New York this summer.
3. もし何か質問があったら, 遠慮しないで聞いてください。
   Don't hesitate to ask me (if / though) you have any questions.

C 日本文の意味を表すように括弧内の語句を並べ替えて英文を書きなさい。(各2点)

1. 彼か私がブラウンさんに会いに行かなければなりません。
   (or / I / he / Either) have to go to see Mr. Brown.
2. 寝る前に明かりを消しなさい。
   Turn off the lights (go / before / to / you) bed.

D 日本文の意味を表すように選択肢から適語を選び空所を補充しなさい。(各2点)

[and, until, when]

1. 私たちは雨が降り出すまで公園で野球をしました。
   We played baseball in the park ( ) it began to rain.
2. 彼は18歳の時に故郷を離れました。
   He left his hometown ( ) he was eighteen years old.
3. どうぞお座りください。
   Go ahead ( ) have a seat.

Unit 15

学籍番号	氏名	スコア
		/20点

A 日本文の意味を表すように適語を選びなさい。(各2点)

1. 彼が住んでいるワンルームマンションは8階にあります。
   The studio apartment (when / where / why) he lives is on the 8th floor.
2. もし明日雨が降らなかったら,私たちはピクニックに行くでしょう。
   If it (doesn't / didn't / wasn't) rain tomorrow, we will go on a picnic.

B 日本文の意味を表すように適語を選びなさい。(各2点)

1. 私はハッピーエンドの映画が好きです。
   I like movies (what / that) have happy endings.
2. 値段が高いものが必ずしもいいというわけではありません。
   (Which / What) is expensive is not always good.
3. もし彼女が急いでいたら,始発電車に乗れていたでしょう。
   If she (had hurried / hurries), she could've caught the first train.

C 日本文の意味を表すように括弧内の語句を並べ替えて英文を書きなさい。(各2点)

1. もし明日休みが取れたら,私は1日中ゴルフをするでしょう。
   If (had / a / I / day) off tomorrow, I would play golf all day.

2. 午後7時は私たちがディナーを食べる時間です。
   7 p.m. (the / when / is / time) we have dinner.

D 日本文の意味を表すように選択肢から適語を選び空所を補充しなさい。(各2点)

[if, that, why]

1. これは私がずっと読みたかった探偵小説です。
   This is the detective story ( ) I have long wanted to read.
2. こういうわけであなたは野球部の部長に選ばれたのですよ。
   These are the reasons ( ) you were elected captain of the baseball club.
3. もし何かありましたら,遠慮なしにお電話ください。
   Feel free to call us ( ) something comes up..

英語のルールで学ぶ基礎英文法ドリル

2023年1月31日　初版第1刷発行

著　者　　船田　秀佳

発行者　　小川　洋一郎

発行所　　株式会社　朝日出版社

〒101-0065 東京都千代田区西神田3-3-5

TEL：03-3239-0271　FAX：03-3239-0479

E-MAIL：text-e@asahipress.com

https://www.asahipress.com/

印　刷　　錦明印刷株式会社

DTP　　イーズ

 ISBN978-4-255-15708-5

ISBN978-4-255-15708-5
C1082 ¥1200E
定価1320円（本体 1200円＋税10%）
9784255157085
1921082012004

Tag für Tag

Leben in Deutschland <neue Auflage>

Kurahei Ogino Andrea Raab

Asahi Verlag